MW00902364

Marcos Barrera

Mamá, la historia de tu vida

La puerta verde

Mi amada

Mamá

_____

_____

Contenido

Árbol genealógico

Tu nacimiento

Tu nacimiento

El nacimiento y la muerte no son dos estados distintos, sino dos aspectos del mismo estado (Mahatma Gandhi)

¿Cuándo y dónde naciste?

_____

_____

¿Cuáles son sus nombres de pila?

_____

_____

¿Naciste en un hospital? Si no es así, ¿por qué razón?

_____

_____

_____

_____

_____

Tu nacimiento

¿Qué edad tenían tus padres cuando naciste?

_____

_____

¿Tenías hermanos y hermanas cuando naciste?

_____

_____

¿Hubo una celebración religiosa con motivo de tu nacimiento?

_____

_____

_____

_____

Tu infancia

Tu infancia

¿Puedes describir la ciudad donde creciste?

_____

_____

_____

_____

_____

_____

_____

_____

_____

_____

Tu infancia

¿Cómo fue tu infancia?

_____

_____

_____

_____

_____

_____

_____

_____

_____

_____

_____

Tu infancia

¿Cuál era tu cuento favorito?

_____

_____

_____

_____

¿Qué veías cuando mirabas por la ventana de tu habitación?

_____

_____

_____

_____

¿Puede dibujar la casa de su infancia?

Tu infancia

¿Tenías un apodo cuando eras niño? Si es así, ¿por qué te lo pusieron?

_____

_____

_____

_____

_____

_____

_____

_____

_____

Tu infancia

¿Cuál era tu lugar de vacaciones favorito?

¿Tienes una foto tuya de cuando eras niño?

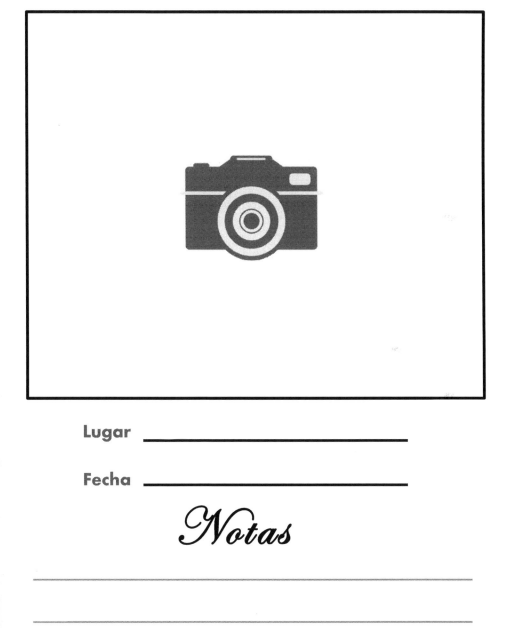

Lugar _____

Fecha _____

Notas

_____

_____

_____

_____

Tu infancia

¿Cuáles eran tus juguetes favoritos?

_____

_____

_____

¿Quién es la persona de edad más avanzada que recuerdas?

_____

_____

_____

¿Quién era tu mejor amiga?

_____

_____

_____

Tu infancia

¿Cuál fue tu travesura más sonada?

Tu infancia

¿En qué aspectos era diferente el mundo cuando eras un niño?

Tu familia

Tu familia

Un amigo fiel es un alma en dos cuerpos (Aristóteles)

Háblame de tu padre, su nombre, fecha y lugar de nacimiento, sus padres

Tu familia

Háblame de algunos de los recuerdos que tienes de tu padre

Tu familia

Háblame de tu madre, su nombre completo, fecha y lugar de nacimiento, sus padres

Tu familia

Cuéntame algunas de las cosas que recuerdes de tu madre

_____

_____

_____

_____

_____

_____

_____

_____

_____

_____

_____

¿Tienes una foto de tus padres?

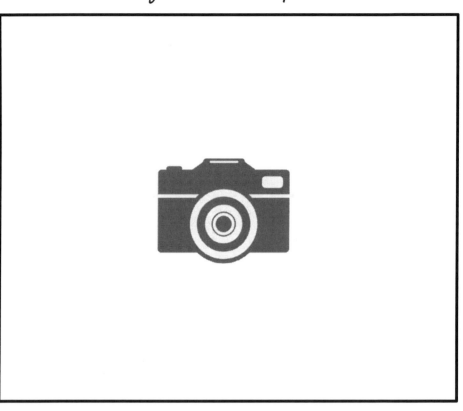

Lugar _____

Fecha _____

Notas

_____

_____

_____

_____

Tu familia

¿De qué trabajaban tus padres?

_____

_____

_____

_____

_____

_____

Menciona algunos de los platos que tu madre o tu padre cocinaban y que recuerdes

_____

_____

_____

Tu familia

¿Cómo era tu relación con tus hermanos y hermanas cuando eras niño?

Tu familia

¿Puedes contar un recuerdo de tus hermanos y hermanas?

_____

_____

_____

_____

_____

_____

_____

¿Tus abuelos vivían cerca de tu casa?

_____

_____

_____

_____

Tu familia

Cuéntanos algunos de los recuerdos que tienes de tus abuelos

Tu familia

¿De dónde eran tus abuelos?

_____

_____

_____

_____

¿Estuvieron involucrados en tu vida?

_____

_____

_____

_____

_____

_____

Tu familia

¿Recuerdas haber oído a tus abuelos hablar de sus vidas?

¿Qué te contaron?

¿Tienes una foto de tus abuelos?

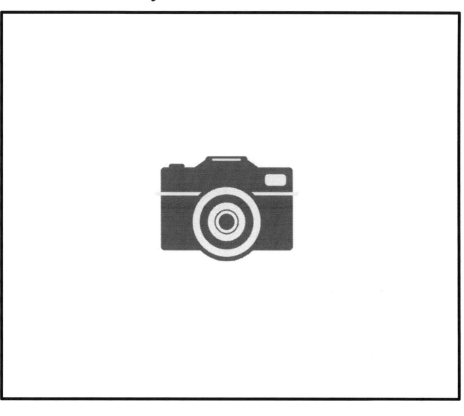

Lugar _____

Fecha _____

Notas

_____

_____

_____

_____

Tu familia

¿Qué sabes de tus bisabuelos?

_____

_____

_____

_____

_____

_____

_____

¿Los conociste?

_____

_____

_____

_____

Tu familia

¿Quiénes eran tus tías y tíos?

Tu familia

¿Tiene tías o tíos que realmente te hayan marcado?

Tu familia

¿Qué tradiciones familiares recuerdas?

_____

_____

_____

_____

_____

_____

_____

_____

_____

_____

_____

_____

Tu familia

¿Tu familia tenía alguna una forma especial de celebrar determinadas fiestas?

_____

_____

_____

_____

_____

_____

_____

_____

_____

_____

Tu familia

¿La religión jugaba un papel importante en la vida familiar?

_____

_____

_____

¿Qué adversidades o tragedias ocurrieron en tu familia durante tu juventud?

_____

_____

_____

_____

_____

_____

Tu educación

Tu educación

La Educación es el pasaporte hacia el futuro, el mañana pertenece a aquellos que se preparan para él en el día de hoy (Malcolm X)

¿Eras un buen estudiante en la escuela?

_____

_____

_____

_____

¿Cómo te comportabas en la escuela?

_____

_____

_____

_____

_____

_____

_____

_____

Tu educación

¿Cómo ibas vestido a la escuela?

_____

_____

_____

¿Qué deportes practicabas en la escuela?

_____

_____

_____

¿A qué escuela secundaria fuiste?

_____

_____

_____

Tu educación

¿Cómo te fue la escuela?

_____

_____

_____

¿Seguiste con la educación superior o con la formación profesional?

_____

_____

_____

¿Qué recuerdos tienes de aquellos años?

_____

_____

_____

_____

¿Tienes una foto tuya en la escuela?

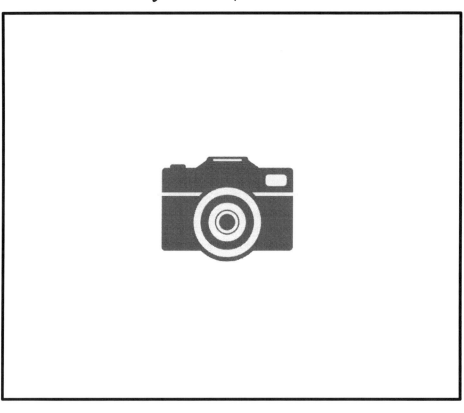

Lugar _____

Fecha _____

Notas

_____

_____

_____

_____

Tu juventud

Tu juventud

Con veinte años todos tienen el rostro que Dios les ha dado; con cuarenta el rostro que les ha dado la vida y con sesenta el que se merecen (Albert Schweitzer)

Describe tu personalidad a la edad de 20 años

Tu juventud

¿Quién era tu mejor amigo?

_____

_____

_____

Háblame de tus amigos

_____

_____

_____

_____

_____

¿Practicabas algún deporte?

_____

_____

_____

Tu juventud

¿Qué aficiones tenías?
¿Cuáles eran tus pasiones?

_____

_____

_____

_____

_____

_____

¿Tenías dinero de bolsillo?, ¿cómo lo
ganabas?

_____

_____

_____

_____

_____

_____

_____

Tu juventud

¿A qué edad te sacaste el carnet de conducir?

_____

¿Cuál fue tu primer coche?

_____

¿Qué edad tenías cuando empezaste a salir de noche?

_____

¿Recuerdas tu primera cita?

_____

_____

_____

_____

_____

_____

_____

Tu boda

Tu boda

La medida del amor es amar sin medida (San Agustín)

¿Cómo conociste a Papá?

Tu boda

¿Cuándo supiste que querías casarte con papá?

_____

_____

_____

_____

_____

_____

_____

¿Cuánto tiempo hacía que os conocíais cuando os casasteis?

_____

_____

_____

_____

Tu boda

¿Cómo fue tu petición de mano?

_____

_____

_____

_____

_____

_____

_____

_____

_____

_____

_____

_____

_____

_____

Tu boda

¿Cuándo y dónde os casasteis?

Tu boda

¿Puede describir la ceremonia?

Tu boda

¿Cuál es tu principal recuerdo del día de tu boda?

_____

_____

_____

_____

_____

_____

_____

_____

_____

_____

_____

_____

_____

_____

_____

Tu boda

¿Fuisteis de luna de miel? ¿A dónde?

¿Tienes una foto de tu boda?

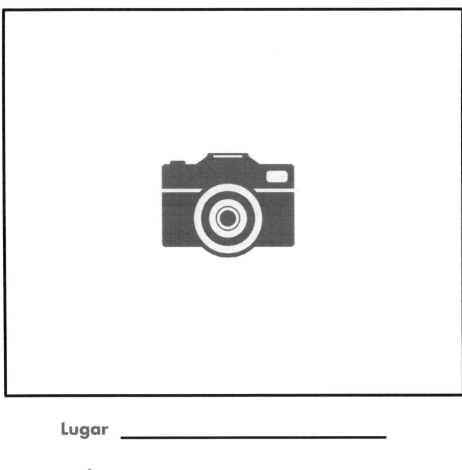

Lugar _____

Fecha _____

Notas

_____

_____

_____

_____

Tu boda

¿Dónde vivían tus suegros?
¿Cómo te relacionabas con ellos?

Tus hijos

Tus hijos

Incluso la gente que afirma que no podemos hacer nada para cambiar nuestro destino, mira antes de cruzar la calle (Stephen Hawking)

¿Cómo te enteraste de que ibas a ser mamá por primera vez?

_____

_____

_____

_____

_____

_____

_____

_____

_____

_____

_____

_____

_____

Tus hijos

¿Cómo elegiste los nombres de pila de tus hijos?

_____

_____

_____

_____

_____

_____

_____

_____

_____

_____

_____

_____

_____

Tus hijos

¿Cuál es una de las cosas más divertidas que hicieron tus hijos cuando eran pequeños?

Tus hijos

En tu opinión, ¿cuál fue la parte más agradable de criar a tus hijos?

Tus hijos

Si tuvieras que repetirlo, ¿qué cambiarías de la forma en que educaste a tus hijos?

_____

_____

_____

_____

_____

_____

_____

_____

_____

_____

_____

_____

_____

Tus hijos

¿Cuál ha sido la parte más difícil de la educación de tus hijos?

Tus hijos

¿Qué ha sido lo más gratificante de ser padre?

_____

_____

_____

_____

_____

_____

_____

_____

_____

_____

_____

_____

_____

_____

_____

_____

Tus hijos

¿Qué valores personales son muy importantes para ti?

Tus hijos

¿Qué has hecho para transmitir estos valores a tus hijos?

Tu vida profesional

Tu vida profesional

Para trabajar basta estar convencido de una cosa: que trabajar es menos
aburrido que divertirse (Charles Baudelaire)

¿Cuál fue tu primer empleo?

_____

_____

¿Qué trabajos has realizado?

_____

_____

_____

_____

_____

_____

_____

_____

_____

_____

_____

_____

Tu vida profesional

¿Por qué los elegiste?

_____

_____

_____

_____

_____

_____

_____

_____

_____

_____

_____

_____

_____

_____

Tu vida profesional

¿Recuerdas algunas las anécdotas memorables vividas mientras estabas en estos empleos?

_____

_____

_____

_____

_____

_____

_____

_____

_____

_____

¿Cuántos años tenías cuando te jubilaste?

_____

_____

¿Tienes una foto en tu lugar de trabajo?

Lugar _____

Fecha _____

Notas

_____

_____

_____

_____

Tu vida adulta

Tu vida adulta

Cada día sabemos más y entendemos menos (Albert Einstein)

¿Qué tipo de joven adulto fuiste?

_____

_____

_____

_____

_____

_____

¿Qué consejo le darías a la persona que erase a los 40 años?

_____

_____

_____

_____

_____

_____

¿Tienes una foto tuya de entre 30 y 40 años?

Lugar _____

Fecha _____

Notas

_____

_____

_____

_____

Tu vida adulta

¿Cuál fue el momento más embarazoso para ti como adulto?

_____

_____

_____

_____

_____

_____

_____

¿Tenías un apodo como adulto?
¿Por qué razón te lo pusieron?

_____

_____

_____

Tu vida adulta

¿Puedes describir cada lugar en el que viviste y los motivos que hicieron que te mudases?

Tu vida adulta

¿Cuáles son tus mejores recuerdos de vacaciones?

Tu vida adulta

¿Qué habilidades tienes?

_____

_____

_____

_____

_____

¿Cómo te diste cuenta?

_____

_____

_____

_____

_____

_____

_____

_____

Tu vida adulta

¿Qué actividades te gustaba hacer de adulto?

_____

_____

_____

_____

_____

_____

¿Recuerdas alguna moda que te haya gustado especialmente?

_____

_____

_____

_____

_____

_____

Tu vida adulta

¿Has estado alguna vez en una guerra?
¿Puedes hablarme de esa experiencia?

Tu visión del mundo

Tu visión del mundo

El mundo es bello, pero tiene un defecto llamado hombre (Friedrich Nietzsche)

¿Cuáles fueron los principales acontecimientos mundiales, nacionales o locales que ocurrieron a lo largo de tu vida?

Tu visión del mundo

¿De qué forma cambiaron tu vida estos acontecimientos?

Tu visión del mundo

¿Qué puntos de vista, opiniones o filosofías de la vida te gustaría compartir?

Tu visión del mundo

Nombra al menos cinco personas a los que consideres grandes hombres o mujeres.

¿Qué es lo que hicieron para suscitar tu admiración?

Y ahora

Y ahora

El cuerpo humano es el carruaje; el yo, el hombre que lo conduce; el pensamiento son las riendas, y los sentimientos, los caballos (Platón)

¿Qué tipo de libros te gusta leer?

_____

_____

_____

¿Has tocado alguna vez un instrumento musical?

_____

_____

_____

¿Te consideras una persona creativa?

_____

_____

_____

_____

_____

_____

Y ahora

¿Hay alguien en tu vida a quien hayas considerado un alma gemela? ¿De quién se trata y por qué sentiste este vínculo especial?

_____

_____

_____

_____

_____

_____

_____

_____

_____

_____

_____

_____

_____

Y ahora

¿Cuál es la situación más difícil a la que te has enfrentado en tu vida?

_____

_____

_____

_____

_____

_____

_____

_____

_____

_____

_____

_____

_____

_____

Y ahora

¿Cuáles fueron las decisiones más difíciles que tuviste que tomar?

_____

_____

_____

_____

_____

_____

_____

_____

_____

_____

_____

_____

_____

_____

_____

_____

_____

_____

_____

_____

_____

Y ahora

Si pudieras cambiar algo de ti mismo, ¿qué sería?

Y ahora

¿Qué es lo más increíble que te ha pasado?

_____

_____

_____

_____

_____

_____

_____

_____

_____

_____

_____

_____

_____

Y ahora

¿Qué mascotas has tenido?
¿Qué recuerdos tienes de ellas?

Y ahora

¿Cuál es el chiste más divertido que has oído?

$\mathcal{Y}$ ahora

¿Que aficiones tienes ahora mismo?

_____

_____

_____

_____

_____

_____

_____

_____

_____

_____

_____

_____

_____

_____

Y ahora

¿Cuál es tu película favorita y por qué?

Y ahora

¿Hay algo que siempre has querido hacer pero que aún no has hecho?

_____

_____

_____

_____

_____

_____

_____

_____

_____

_____

_____

_____

_____

_____

Y ahora

¿Cuál fue tu mayor mentira?

Y ahora

Si pudieras volver atrás y empezar de nuevo, ¿qué cambiarías?

_____

_____

_____

_____

_____

_____

_____

_____

_____

_____

_____

_____

_____

_____

_____

Y ahora

¿Qué crees que dirá la gente de ti cuando ya no estés con nosotros?

_____

_____

_____

_____

_____

_____

_____

_____

_____

_____

_____

_____

_____

_____

Gracias

Mamá

Made in the USA
Columbia, SC
20 October 2024

a02cb924-a272-4837-9cb3-a22b758a02a4R02